De VIAJE por AMÉRICA LATINA

Carlos Romero Dueñas

GRUPO DIDASCALIA, S.A.
Plaza Ciudad de Salta, 3 - 28043 MADRID - (ESPAÑA)
TEL.: (34) 914.165.511 - (34) 915.106.710
FAX: (34) 914.165.411
e-mail: edelsa@edelsa.es
www.edelsa.es

Primera edición: 2002.

© **Edelsa Grupo Didascalia, S.A. Madrid, 2002**

Director de colección: Alfredo González Hermoso.
Dirección y coordinación editorial: Departamento de Edición de Edelsa.
Diseño de cubierta: Departamento de Imagen de Edelsa.
Fotocomposición: Francisco Cabrera Vázquez y Susana Ruiz Muñoz.
Fotomecánica: Intigraf, S.A.
Imprenta: Pimakius, S.A.
Encuadernación: Perellón, S.A.

ISBN: 84-7711-488-9
Depósito legal: M-23507-2002

Impreso en España
Printed in Spain

Parece indudable que Internet es hoy en día un recurso que complementa la dinámica del aula, pues es una fuente viva, inmediata y de fácil acceso, para la obtención de materiales auténticos.

Asimismo, Internet permite llevar a cabo una práctica pedagógica más audaz, al ofrecerle al profesor la posibilidad de transmitir a sus alumnos diversas maneras personalizadas de construir sus conocimientos, que refuercen la autonomía y el autoaprendizaje. Dicho refuerzo de la autonomía de los estudiantes supondrá para estos, por otra parte, una nueva fuente de motivación, ya que se sentirán más responsables de su aprendizaje, a la vez que se reforzará su conciencia de que aprender un idioma responde a una realidad auténtica e inmediata de comunicación.

Numerosas son, pues, las ventajas que ofrece Internet, pero estos recursos pueden parecer inabarcables y desorientar al profesor, que tiene que buscar las fuentes de información, identificar el material requerido y evaluarlo, así como prever nuevas estrategias de aprendizaje. Por otra parte, las posibilidades que puede ofrecer una misma página de Internet son tan variadas, que el alumno podría bloquearse con el exceso de información, y no saber qué hacer exactamente con ella.

El objetivo de la presente colección es, pues, facilitar al profesor su labor, poniendo a su alcance, a partir de temas diversos, los sitios más adecuados para la clase de E/LE, junto con actividades de explotación didáctica prácticas y sencillas.

Las tareas que abarcan los diferentes títulos de la colección pueden ir dirigidas a desarrollar un "saber hacer" (como saber comprar, saber viajar, saber buscar un trabajo, saber dónde comer o salir...) y a adquirir los conocimientos lingüísticos y culturales correspondientes. Pueden, también, estar centradas en actividades de obtención de información y de comprensión lectora –leer la prensa, leer literatura– o comprensión auditiva –escuchar la radio, aprender canciones, ver vídeos–. Y pueden, igualmente, desembocar en un intercambio de ideas con personas reales, ya se trate de un intercambio escrito –a través del correo electrónico y de los programas de charlas–, u oral –mediante programas específicos y videoconferencias.

En definitiva, todas las tareas propuestas se centran en un objetivo y en unas actividades precisos, que el alumno ha de alcanzar y desarrollar buscando las respuestas apropiadas a las preguntas que se formulan, o culminando las distintas etapas que se le proponen. En todos los casos, las instrucciones le guían de forma inequívoca a través de Internet, de modo que al estudiante se le exige, en la mayor parte de los casos, una mera comprensión lectora propia de un nivel principiante.

Esperamos que profesores y alumnos disfruten al máximo de esta colección, y que suponga sólo un primer paso en la explotación de las nuevas tecnologías en la clase, que les incite a proseguir su andadura con ánimos renovados.

Alfredo González Hermoso
(Director de la colección)

PRESENTACIÓN

De viaje por América Latina es un libro pensado para que cualquier estudiante se divierta a través de la simulación de un viaje consistente en una gira por América Latina, en la que se visitan varios países de habla hispana.

Es evidente que podríamos dedicar un libro entero a cada país, y, aun así, dejaríamos en el tintero infinidad de aspectos que conforman la riqueza de cada uno de ellos. Pero el estudiante debe comprender que la lógica limitación de espacio nos obliga a dedicar una tarea a cada país e incluso a dejar fuera de nuestro recorrido algunos países de increíble belleza paisajística y cultural.

Sin embargo, el objetivo de este título es simplemente hacer que el estudiante de español se familiarice con el vocabulario básico que se necesita para hacer un viaje: medios de transporte, alojamiento, gastronomía, compras, cultura y ocio, etc. Y a la vez obtener importante información de interés turístico, como cambios de moneda, horarios habituales, planos y mapas, o clima y temperaturas.

Todo esto es lo que se puede aprender realizando las diferentes tareas y actividades de este libro. Pero, eso sí, a través de un divertido viaje virtual por el gran continente hispano, lleno de palabras e impresionantes imágenes ofrecidas por esa magnífica herramienta llamada Internet.

Esperamos que a través de la lectura hipertextual, además de cumplir los objetivos propuestos, los estudiantes disfruten de este recorrido por el sorprendente mundo de la América Latina.

AVISO PARA VIAJEROS

Este libro presenta un viaje virtual. Por eso, como estamos al margen de la realidad, déjese guiar por su imaginación y organice un recorrido a su medida:

empiece el libro por el principio o por el final, haga las actividades que más le gusten y salte de unas a otras sin miedo a perderse algo. Las tareas están preparadas para que usted sea en todo momento dueño de su propio viaje. Disfrútelo.

Nota de la Editorial: Para consultar las actualizaciones de páginas *web*, acceda a **www.edelsa.es** (sección "Agenda").

ÍNDICE

TAREA**1**
ARGENTINA:
MI BUENOS AIRES QUERIDO

OBJETIVO

En esta tarea veremos algunos consejos para preparar el equipaje. Y después viajaremos a Argentina en avión para conocer Buenos Aires u organizar un viaje por libre utilizando varios medios de transporte. Además, haremos una rápida visita a Montevideo en un barco que une esta ciudad con Buenos Aires.

ACTIVIDADES

Si usted ha decidido empezar su viaje por América Latina desde la Tarea 1, realice todas las actividades en el orden marcado. Pero si Argentina es el final de su viaje, vaya directamente a la actividad 2.

1. Algunos consejos antes de viajar

Entre en la dirección de Internet **www.argentinatravel.com** y pulse en "Recomendaciones: consejos del viajero experto". Seleccione "Cómo armar la valija perfecta" y pulse el botón "Buscar". Ahora responda:

a) ¿Qué dice un viejo refrán del viajero experto? Complete:

"Calculá todo lo que vas a necesitar en el viaje y, de todo eso, llevá
....".

b) ¿Por qué no es recomendable llevar paraguas?

....

....

....

c) ¿Qué ropa lleva la valija ideal?

....

....

....

Ahora visite los apartados "Tres cosas muy prácticas para llevar a todas partes" y "Tres cosas inútiles en tu equipaje".

d) Rellene el cuadro:

Tres cosas prácticas	Tres cosas inútiles
1. Hilo fuerte y aguja gruesa	1. Jabonera
2.	2. ....
3.	3. ....

Por último, visite el apartado "Cuatro cosas imprescindibles para llevar en tu valija".

e) Marque con una cruz las cuatro cosas recomendadas:

☐ Sacacorchos - abrelatas   ☐ Humectante de piel

☐ Teléfono móvil   ☐ Botiquín mínimo

☐ Lápiz y papel   ☐ Banditas elásticas

☐ Libro de primeros auxilios   ☐ Linterna y pilas

f) Complete la lista de las cosas que debe contener un buen botiquín:

– Gasa   – ....   – ....

– Apósitos   – ....   – ....

– ....   – ....   – ....

2. **A Buenos Aires volando**

Para volar a Buenos Aires desde su propio país, tome un avión de la compañía Iberia. Y si vuela desde Ushuaia utilice la compañía Aerolíneas Argentinas.

Entre en la dirección **www.iberia.es** y siga estos pasos:

1. Pulse en "Información online".
2. Seleccione la ciudad de origen: la ciudad de su país.
3. Seleccione la ciudad de destino: Buenos Aires.
4. Seleccione la fecha y la hora de salida.
5. Haga clic en "Enviar datos".

a) ¿Cuántos vuelos han salido? ....

b) ¿Cuál le interesa a usted según el horario? ....

c) ¿Es directo? ....

d) ¿En qué ciudad o ciudades tiene que hacer cambio de avión? ....
....

e) ¿A qué hora sale de su ciudad? ....

f) ¿A qué hora llega a Buenos Aires? ....

Para saber el precio del billete, pulse en "Tarifas". Después vuelva a escribir la ciudad de origen, la ciudad de destino (Buenos Aires) y la fecha del viaje.

g) ¿Cuánto vale la tarifa más económica? ....

h) ¿Y la más cara? ....

Si viene de Ushuaia, entre en **www.aerolineas.com.ar** y siga estos pasos:

1. Pulse en "CyberOfertas".
2. Pulse luego en "Destinos/Tarifas", al final de la página.
3. Acceda a "Informes".
4. Seleccione la ciudad de origen: Ushuaia.

5. Seleccione la ciudad de destino: Buenos Aires.

6. Seleccione la fecha.

7. Seleccione el tipo de viaje: ida.

8. Seleccione el tipo de pasajero.

9. Pulse en "Buscar".

i) ¿Cuántos vuelos han salido? ....

j) ¿Cuál le interesa a usted según el horario? ....

k) ¿A qué hora sale de Ushuaia? ....

l) ¿A qué hora llega a Buenos Aires? ....

Para saber el precio del vuelo siga este procedimiento:

1. Seleccione el tipo de tarifa: sin restricciones o la más económica.

2. Seleccione la clase: "business" o "turista".

3. Pulse en "Seleccionar".

m) ¿En qué moneda está expresada la tarifa? ....

n) ¿Cuánto vale el vuelo? ....

3. **Cosas de Buenos Aires**

Argentina es un país muy grande, pero creemos que es imprescindible visitar la capital: Buenos Aires. No obstante, si usted prefiere organizar su viaje de otra manera, salte directamente a la actividad 6.

Entre en la dirección **www.argentinatravel.com** y pulse en "Destinos", dentro de la sección "Guía". Después seleccione Buenos Aires en "Pueblos y ciudades". Si ve que el programa no le responde, seleccione otro lugar, luego vuelva atrás e inténtelo otra vez con Buenos Aires. Lea la introducción y responda:

a) *¿Cuántos habitantes tiene Buenos Aires?* ....

Pulse en "Cuándo ir".

b) *¿Cómo es el clima de Buenos Aires?* ....

c) *¿Cuál es el momento ideal para visitar la ciudad?* ....

d) *¿En qué mes comienzan las lluvias?* ....

Las grandes ciudades son lugares ideales para hacer compras. Compruébelo en "Qué comprar".

e) *¿Cuáles son los productos típicos de la región? Complete la lista:*

– Objetos de cuero   – ....

– ....   – ....

f) *¿En qué calle de Buenos Aires está la mejor zona comercial?* ....
....

g) *¿En qué barrio están las boutiques más elegantes?* ....
....

▶ 4. **Buscar hotel**

Busque un hotel para alojarse en la ciudad. Haga clic en "Hoteles", dentro de la sección "Alojamiento", y siga estos pasos:

1. Seleccione precio.

2. Seleccione localidad.

3. Seleccione fecha de entrada y fecha de salida.

4. Seleccione el número de viajeros y el número de habitaciones.

5. Pulse en "Buscar hotel".

a) ¿Cuál es el hotel más barato que ha salido? ....

b) ¿Cuánto vale la habitación? ....

c) ¿Cuántas estrellas tiene? ....

Para ver más información y hacer su reserva, pulse sobre el nombre.

d) Señale el tipo de habitaciones de que dispone:

☐ doble   ☐ *suite*   ☐ triple

☐ *single*   ☐ departamento de 3   ☐ departamento de 4

Si desea reservar marque la casilla "Reservar" y pulse en el botón "Click para reservar". Después rellene los datos y pulse en "Enviar".

▶ 5. Una visita a Montevideo

Desde Buenos Aires se puede hacer una visita de un día a Montevideo (Uruguay) viajando en barco. Entre en la dirección **www.buquebus.com/argentina/home.htm** y haga clic en "Horarios y tarifas".

a) ¿Cuántos buques van a Montevideo todos los días de la semana? ....

b) ¿A qué hora le interesa viajar? ....

c) ¿Cuánto dura el trayecto? ....

d) ¿Cuál es el nombre del buque? ....

e) ¿Se puede llevar un vehículo dentro del buque? ....

Si quiere saber el precio, pulse en el botón de "Consulta de disponibilidad y tarifas" y siga estos pasos:

1. Seleccione la ciudad de salida: Buenos Aires.

2. Seleccione la ciudad de llegada: Montevideo.

3. Pulse en "Ver disponibilidad y tarifas".

4. Elija un trayecto y pulse en "Tarifas".

f) ¿Cuánto vale el viaje de ida y vuelta para los pasajeros mayores (adultos) en clase turista? ....

g) ¿Y en primera clase? ....

 ## 6. Argentina a su aire

Si prefiere organizar su viaje a Argentina de una manera más aventurera, entre en la dirección **www.argentinatravel.com** y pulse en "Actividades", dentro de la sección "Guía".

a) ¿Cuántas actividades hay en "Busca la actividad que quieras"? Tache las que no estén:

4 x 4	*Trekking*	Observación de flora y fauna
Pesca	Agroturismo	Paseos aéreos
Caza	*Rafting*	Patinaje sobre hielo
Golf	Escalada	Ultralivianos
Motociclismo	SPA / Termas	Salto en paracaídas

b) ¿Cuál prefiere? ....

Seleccione esa actividad y saldrán los lugares de Argentina donde se puede realizar. Cada sitio viene indicado en primer lugar por la región, después por la provincia y por último por el pueblo y la ciudad.

c) ¿Cuáles son los lugares donde se puede realizar la actividad? ....
....

d) Lea la información de cada uno y diga cuál prefiere: ....

e) ¿En qué ciudad está? ....

Ahora pulse en "Destinos" y seleccione la ciudad elegida. Después haga clic en "Cómo llegar".

f) Marque y responda:

☐ Avión.   ¿Qué compañías hay?

....

☐ Coche.   ¿Por qué ruta (carretera) debe ir?

....

¿Desde dónde? ....

¿Cuántos kilómetros hay que recorrer? ....

☐ Autobús (ómnibus, micro).   ¿Qué empresas hay? ....

Apunte los números de teléfono: ....

☐ Ferrocarril.   ¿Se indica la estación? ¿Cuál es? ....

¿Se indican las empresas? ¿Cuáles son? ....

Apunte los números de teléfono: ....

Para buscar alojamiento en esa ciudad, vaya a la actividad 4 de esta misma tarea.

TAREA2
LA PATAGONIA: EL FIN DEL MUNDO

OBJETIVO

En esta tarea viajaremos en avión hasta Ushuaia, nos alojaremos en esta ciudad y desde allí visitaremos los Parques Nacionales de La Patagonia y haremos una travesía en un pequeño tren de la Tierra del Fuego.

ACTIVIDADES

▶ 1. **Fauna patagónica**

Entre en la dirección **www.patagonia.com.ar**, pulse en "La Patagonia" y después en "Fauna patagónica".

a) ¿*Cuáles son los animales autóctonos más importantes de La Patagonia? Márquelos con una cruz:*

☐ pingüino   ☐ lobo marino   ☐ liebre patagónica mara

☐ morsa   ☐ zorro colorado   ☐ ballena franca austral

☐ puma   ☐ oso polar   ☐ piche

b) *La ballena franca austral está en peligro de extinción. Pulse sobre ella y diga si las siguientes afirmaciones son verdaderas (V) o falsas (F):*

1. Mide más de 20 metros de largo. ☐

2. Puede estar 40 minutos debajo del agua como máximo. ☐

3. La hembra cría un ballenato cada año. ☐

4. Es muy amigable. ☐

c) *De los demás animales, ¿cuál prefiere?* ....

d) *Pulse en él y diga con qué otro(s) nombre(s) es conocido:* ....
....

▶ **2. Parques Nacionales de La Patagonia**

Ahora vuelva atrás, pulse en "Áreas Naturales Protegidas" y busque el cuadro de las áreas protegidas en cada provincia.

a) ¿Cuáles son las cinco provincias de La Patagonia? Complete la lista:

1. Chubut   3. ....   5. ....

2. Neuquén   4. ....

b) ¿Cuál de ellas tiene más hectáreas de áreas protegidas? ....

A continuación pulse en "Parques Nacionales. Categorías de protección", que verá en el lateral de la página.

c) Relacione con flechas los Parques Nacionales con las provincias en las que se encuentran:

PARQUES NACIONALES	PROVINCIAS
1. Lanín 2. Nahuel Huapi 3. Los Arrayanes 4. Laguna Blanca 5. Perito Moreno 6. Los Alerces 7. Los Glaciares 8. Lago Puelo 9. Tierra del Fuego 10. Monumento Natural Bosques Petrificados	a) Chubut b) Neuquén c) Río Negro d) Santa Cruz e) Tierra del Fuego

d) ¿En qué Parque Nacional pueden encontrarse...?:

– Bosques petrificados de araucaria: ....

– Poblaciones de cisnes de cuello negro: ....

– Glaciares: ....

e) ¿Cuál de todos es el más pequeño en hectáreas? ....

f) ¿Cuál fue el primero en crearse como Parque Nacional? ....

g) Tres de ellos se crearon como Parques Nacionales en el mismo año: 1937. ¿Cuáles son? ....

▶ 3. **Ushuaia: la última ciudad**

Vuelva a la página principal y pulse en "Tierra del Fuego" y luego en "Ushuaia".

a) La ciudad de Ushuaia debe su nombre a los indios gaganes o yámanas. ¿Qué significa la palabra "ushuaia"? ....

b) ¿Cuántos habitantes tiene en la actualidad? ....

c) Lea el apartado "Breve historia" y diga en qué fecha se creó la ciudad. ....

Para vivir a fondo Ushuaia, haga clic en "Turismo" y luego en "City tour de Ushuaia".

d) ¿Cuáles son los lugares más representativos del casco urbano? Complete la lista:

– Iglesia Nuestra Señora de la Merced   – ....

– Casa de Gobierno   – ....

– ....   – ....

– ....

e) ¿Cuál de estos lugares fue declarado monumento histórico porque marca el sitio donde se izó por primera vez la bandera argentina en Tierra del Fuego? ....

No puede irse de La Patagonia sin subir al pequeño tren que recorre Tierra del Fuego. Pulse en "Museo y tren del fin del mundo".

f) ¿Desde dónde sale el tren? ....

g) ¿Qué río bordea? ....

h) ¿Qué se puede observar en la primera parada? ....

....

4. Alojamiento en Ushuaia

Para buscar alojamiento en Ushuaia pulse otra vez en "Ushuaia" y luego en "Hoteles". Siga estos pasos:

1. Seleccione el tipo de alojamiento que quiera: hotel, cabaña, albergue, etc.

2. Seleccione la categoría: 1 estrella, 2 estrellas, etc.

3. Seleccione los servicios que prefiera: aire acondicionado, piscina, etc.

4. Pulse en "Buscar".

Si no sale ninguno, vuelva atrás y haga otra búsqueda.

a) ¿Cuántos alojamientos han salido? ....

Haga clic en alguno y complete los datos:

b) ¿Cuál es la dirección? ....

c) ¿Y el teléfono? ....

d) ¿Cuánto vale la habitación? ....

Busque uno que le interese y que tenga correo electrónico para escribir pidiendo una reserva.

5. **Cómo llegar a Ushuaia**

A Ushuaia sólo se puede llegar por agua o por aire. Por eso es mejor tomar el avión. Entre en la dirección **www.aerolineas.com.ar.** Pulse en "CyberOfertas", luego en "Destinos/Tarifas", después en "Informes", y a continuación siga estos pasos:

1. Seleccione la ciudad de origen: Buenos Aires si ya está en Argentina o Santiago de Chile si viene usted de Chile.

2. Seleccione la ciudad de destino: Ushuaia.

3. Seleccione la fecha del viaje.

4. Seleccione el tipo de viaje: ida y vuelta si está en Buenos Aires o sólo ida si viene de Santiago de Chile.

5. Seleccione el tipo de pasajero.

6. Pulse en "Buscar".

Si usted viene de Santiago de Chile y no encuentra vuelos directos a Ushuaia, pruebe haciendo dos consultas: una hasta Buenos Aires y otra hasta Ushuaia.

TAREA**3**
CHILE: EXPLORACIÓN Y AVENTURA

OBJETIVO

En esta tarea viajaremos en avión a Chile y elegiremos una de las muchas regiones turísticas del país para realizar actividades de exploración y aventura.

ACTIVIDADES

 1. **Vuelo a Santiago de Chile**

Para volar a Santiago de Chile entre en la dirección **www.lanchile.cl** y siga estos pasos:

1. Seleccione el país de origen: Argentina si viene de Buenos Aires, o Perú si viene de Lima.

2. Seleccione la ciudad de origen y también la ciudad de destino (Santiago de Chile).

3. Seleccione o escriba la fecha de ida.

4. Pulse en "Consultar".

a) *¿A qué hora sale el vuelo que más le interesa?* ....

b) *¿Cuánto dura el vuelo?* ....

Ahora haga clic en "Seleccione este vuelo" para saber el precio y comprar el billete.

c) *¿Cuánto vale el vuelo?* ....

d) *¿Cuánto se paga de impuestos?* ....

Si desea comprar el billete, rellene los datos y pulse en "Confirme su compra".

 ## 2. **Las regiones turísticas de Chile**

Entre en la dirección **www.turismochile.cl** y pulse en "Zonas geográficas".

a) *Chile está dividido en siete grandes regiones turísticas. Complete el cuadro:*

REGIÓN TURÍSTICA	ATRACTIVOS
Norte Grande	Tiene el desierto más seco del mundo, rodeado de volcanes.
1.	Tiene el cielo más limpio del planeta y hermosas playas de aguas tibias.
Litoral Central	2. ....
3.	Es la capital del país, donde se concentra la mayor actividad cultural de la nación.
4.	Conserva la tradición campestre y folclórica del pueblo chileno.
Araucanía y Los Lagos	5. ....
6.	Con fiordos, glaciares, selva fría y La Patagonia chilena.

b) ¿Qué región le parece más interesante de conocer? ....

Haga clic sobre ella y lea un poco más de información.

3. Exploración y aventura

Chile es un país fantástico para hacer turismo de aventura: pulse en "Actividades".

a) ¿Cuáles son las actividades turísticas que se ofrecen? Márquelas con una cruz:

☐ Turismo aventura   ☐ Pesca   ☐ Parques Nacionales

☐ Ecoturismo   ☐ Termas   ☐ Observación de aves

☐ Centros de esquí   ☐ Senderismo   ☐ Deportes náuticos

b) Pulse en cada una de las tres actividades siguientes y podrá completar el cuadro:

Actividad	Excursiones	Región turística	Población más cercana
Turismo aventura	Volcán Ojos del Salado	Norte Chico	Copiapó
	Travesía en lancha por el río Calle Calle	1.	2. ....
Ecoturismo	Géiseres del volcán Tatío	3.	4. ....
	Reserva Nacional Río Los Cipreses	5.	6. ....
Deportes náuticos	Buceo	7.	8. ....
	Windsurf	9.	10. ....

4. **Alojamiento en Chile**

a) ¿Qué actividad le gusta más? ....

b) ¿En qué región de Chile se puede realizar? ....

c) ¿En qué población va a alojarse? ....

Para buscar hotel pulse en "Zonas geográficas" y luego haga clic en la que le interesa. Por último pulse en "Hoteles". Recorra la página hasta encontrar la población donde va a alojarse.

d) ¿Cuántos hoteles hay en esa población? ....

Imprima la página.

TAREA4
PERÚ: EL ARTE COLONIAL

OBJETIVO

En esta tarea conoceremos algunos datos sobre Perú, interesándonos especialmente por su clima y las temperaturas. Después viajaremos en avión a Lima y allí buscaremos hoteles y restaurantes para pasar unos días admirando el arte colonial de la capital. Por último, conoceremos otras zonas del país viajando en tren.

ACTIVIDADES

 1. **Algunos datos de Perú**

Acceda a la página **www.peru.com/turismo**. Pulse en "El Perú" y después en "Datos generales".

a) ¿Cuál es la capital de Perú? ....

b) ¿Cuántos habitantes tiene el país? ....

c) ¿Qué tipo de gobierno hay? ....

d) ¿Cuál es su moneda? ....

Ahora haga clic en "Clima" y responda:

e) ¿Cuáles son los meses de verano en Perú? ....

f) ¿Y los de invierno? ....

g) ¿Cuál es la temperatura máxima de la capital? ....

h) ¿Y la mínima? ....

Para conocer algo de la geografía, pulse en "Departamentos del Perú" y luego en "Información por Departamentos".

i) Marque con una cruz los países que no tienen frontera con Perú:

☐ Brasil   ☐ Paraguay   ☐ Ecuador

☐ Chile   ☐ Colombia   ☐ Bolivia

j) ¿Cuál es el departamento más grande? ....

k) ¿Qué departamento está más al sur? ....

Vuelva atrás y, desde la página de "El Perú", pulse en "Afición".

l) Señale las tres aficiones culturales más importantes del país:

☐ Corridas de toros   ☐ Carreras de perros

☐ Caza del zorro   ☐ Caballo peruano de paso

☐ Peleas de gallos   ☐ Música inca

▶ 2. El tiempo

Antes de pasear por Lima, compruebe si hace buen tiempo. Busque la palabra "Tiempo" en su pantalla y haga clic.

a) Ahora podrá completar el cuadro de las temperaturas:

Ciudad	Temperatura	Humedad	Condiciones	Hora de la información
Lima				
Cuzco				
Trujillo				
Arequipa				

3. **Arte colonial**

Un paseo por la capital le dará a conocer sus plazas, iglesias, conventos, museos, etc. Pulse en "Lima" y luego en "Centro Histórico". Lea la información.

a) Relacione con flechas:

PLAZAS	ATRACTIVOS
1. Plaza de Armas	a) Hay un anfiteatro.
2. Plaza San Martín	b) Es el centro de la ciudad.
3. Plaza Italia	c) Inaugurada en 1921 con motivo del centenario de la independencia del Perú.

b) ¿Qué iglesia y convento se considera el complejo arquitectónico más importante de la época colonial?

☐ Iglesia y convento de las Nazarenas

☐ Iglesia y convento de San Francisco

☐ Iglesia y convento de San Pedro

c) ¿Qué horario de visita tiene? ....

d) Apunte la dirección y el teléfono: ....

e) ¿Cuáles son los tres museos que se recomiendan? ....

f) ¿Qué representan las esculturas de mármol que hay en la Alameda de los Descalzos?

☐ Los meses del año

☐ Las cuatro estaciones

☐ Algunos dioses de la mitología romana

Ahora pulse en "Entretenimiento" y responda:

g) *Miraflores y Barranco son los distritos o barrios más alegres y anima-dos los fines de semana. Clasifique los siguientes datos en el cuadro:*

1) Es el centro comercial de Lima.

2) Es el barrio bohemio de Lima.

3) Hay muchas tiendas de recuerdos, sobre todo en la Avenida de la Paz.

4) Está cerca del mar.

5) Hay un centro de entretenimiento llamado LarcoMar.

6) Hay locales con espectáculos en vivo.

MIRAFLORES	BARRANCO
–	– ....
–	– ....
–	– ....
–	– ....

▶ 4. **Comer en Lima**

Haga clic en "Comida" y responda a las preguntas:

a) *¿Cómo se llama el plato típico de Perú?* ....

b) *Complete la frase para saber de qué está compuesto ese plato:*

"El .... es una combinación de .... crudo, ma-rinado en ...., con .... y ....".

Ahora pulse en "Entretenimiento" y luego en "Restaurantes".

c) *La comida criolla es la típica del país. ¿Cuántos restaurantes criollos hay?*
....
....

Elija uno y haga clic.

d) ¿Qué horario tiene? ....

e) Apunte la dirección y el teléfono: ....

....

▶ 5. **Hotel en Lima**

Vuelva a la página principal, busque la sección "Guía de Hoteles" y siga estos pasos:

1. Seleccione ubicación: Lima.

2. Seleccione categorías: 5 estrellas, 4 estrellas, etc.

3. Pulse en "Buscar".

Haga clic en los hoteles que quiera y mire sus fotos pulsando en "Galería de Fotos".

a) ¿Cuál le gusta más? ....

b) Apunte la dirección y el teléfono: ....

Antes de hacer la reserva, consulte el precio de la habitación haciendo clic en "Tarifas del Hotel".

c) ¿Cuánto vale la habitación doble? ....

d) ¿Y la triple? ....

Por último, haga la reserva si le interesa el hotel. Pulse en "Reservación en línea" y siga estos pasos:

1. Seleccione fecha de arribo (llegada).

2. Seleccione fecha de partida.

3. Marque la habitación que le interesa.

4. Escriba el número de habitaciones que desea.

5. Complete sus datos personales.

6. Pulse en "Enviar".

6. **En tren**

Si no quiere quedarse sólo en Lima, puede tomar el tren y visitar otras zonas de Perú. Viajar en tren por este país es una experiencia especial. Vuelva a la página principal, pulse en "Transporte" y luego en "Tren".

a) Aquí le recomiendan tres trayectos diferentes. Complete la lista:

1. Trayecto La Oroya y Huancayo.

2. ....

3. ....

b) ¿Cuál dura once horas? ....

c) ¿Cuál dura cuatro horas? ....

7. **Avión a Lima**

Entre en la dirección de Internet **www.copaair.com.** Si usted viene de Colombia, ya sabe cómo funciona esta página. Si viene de Chile, pulse en "Itinerarios" y siga este proceso:

1. En "Desde" seleccione Santiago de Chile.

2. En "Hacia" seleccione Lima.

3. Seleccione la fecha de ida.

4. Marque la casilla de "Una vía".

5. Pulse en "Buscar".

a) ¿Cuántos vuelos han salido? ....

b) ¿A qué hora sale el que le interesa? ....

c) ¿Cuánto dura el vuelo? ....

Ahora pulse en "Llenar información", complete los datos y haga clic en "Cotizar" para saber el precio del billete o en "Reservar" si quiere hacer la reserva. Después pulse en "Enviar".

TAREA5
COLOMBIA: EL ESPÍRITU FESTIVO

OBJETIVO

En esta tarea conoceremos algunas curiosidades de Colombia. Después viajaremos en avión hasta la ciudad que elijamos para visitar una feria, ir de compras y ver algún museo.

ACTIVIDADES

 1. Curiosidades de Colombia

Entre en **www.colombia.com/turismo** y pulse en "Datos generales", dentro de la sección "Colombia info". Después haga clic en "Emblemas y símbolos".

a) Escriba los símbolos más importantes del país:

– Ave: ....
– Árbol: ....

– Flor: ....
– Personaje: ....

b) ¿El personaje es real o imaginario? ....

c) ¿Cuál es el baile nacional? ....

d) ¿Cómo se baila?

☐ Varias parejas bailan en círculos con una vela en la mano.

☐ Varias personas bailan en círculo alrededor de una vela.

☐ Las parejas bailan dentro de un círculo formado por velas.

e) ¿Qué instrumentos musicales se utilizan?

☐ guitarras
☐ tambores

☐ gaitas
☐ maracas

▶ 2. De ferias

Vuelva a la página principal, pulse en "Información turística" y luego en "Festivos".

a) *¿En qué mes quiere viajar a Colombia?* ....

b) *¿Qué fiestas se celebran durante ese mes? Rellene el cuadro:*

Fiesta	Ciudad

Si no se celebra ninguna fiesta durante ese mes, elija otro.

c) *Las ciudades más importantes de Colombia son Bogotá, Cali, Cartagena y Medellín. ¿Se celebra alguna feria en alguna de estas ciudades durante el mes elegido? Escríbala:* ....

d) *¿Qué quiere hacer en esa ciudad después de visitar la feria?*

☐ Ir de compras (vaya a la actividad 3).

☐ Visitar museos (vaya directamente a la actividad 4).

▶ 3. De compras

Vuelva a la página principal, haga clic en "Información turística" y luego en "Compras".

a) *¿Cuáles de estos productos se recomiendan en el apartado "Qué comprar"?*

☐ artesanía   ☐ antigüedades   ☐ electrónica
☐ calzado   ☐ plumas estilográficas   ☐ joyas
☐ objetos de cristal   ☐ ropa   ☐ cueros
☐ esmeraldas colombianas   ☐ libros y música   ☐ arte

b) ¿Cuáles son los horarios de atención al público de lunes a sábado?

....

Ahora pulse en "Directorio" y después en "Centros comerciales".

c) Apunte tres centros comerciales de la ciudad que va a visitar y que ya
   eligió en la actividad anterior:

Ciudad	Centros comerciales	Dirección
....	1.	
	2.	
	3.	

▶ 4. De museos

Vuelva a la página principal, haga clic en "Directorio" y luego en "Museos".

a) ¿Dónde están estos museos? Relacione con flechas:

1. Museo del Oro

2. Museo de arte colonial   a) Bogotá

3. Museo arqueológico   b) Medellín

4. Museo de Antioquía   c) Cartagena

5. Museo Naval

b) Lea la información de cada uno y diga cuál le gustaría conocer:

....

c) ¿Qué horario tiene? ....

d) Apunte la dirección: ....

5. **Llegar a Colombia**

Entre en la dirección **www.copaair.com** y vuele a Colombia siguiendo estos pasos:

1. Seleccione la ciudad desde la que vuela: Lima (si viene de Perú) o Panamá City (si viene de Panamá).

2. Seleccione la ciudad de Colombia a la que se dirige: Bogotá, Cali, Cartagena o Medellín.

3. Seleccione la fecha de vuelo.

4. Marque la casilla "Una vía" (que significa "sólo ida").

5. Pulse en "Buscar".

Marque el vuelo que le interese y haga clic en "Llenar información". Usted ya conoce cómo funciona esta página (repase la actividad 7 de la Tarea 4 o vea la actividad 1 de la Tarea 8).

TAREA6
PANAMÁ: EL PUENTE DEL MUNDO

OBJETIVO

En esta tarea viajaremos hasta Panamá en avión o en autobús. Conoceremos algunos datos del folclore del país y curiosidades sobre su famoso canal. Visitaremos la capital y también viajaremos hasta alguna de sus múltiples islas.

ACTIVIDADES

1. Llegada a Panamá

Para llegar a Panamá desde Colombia sólo tiene que tomar un vuelo de la compañía Copa Airlines (**www.copaair.com**), tal y como se hizo en la última actividad de la Tarea 5.

Si usted viene desde San José de Costa Rica, debe tomar un autobús. Entre en la dirección **www.ticabus.com** para ver las rutas y los horarios.

2. Datos de interés

Entre ahora en **www.pa** y haga clic en "Información", dentro de la sección "Misceláneos".

a) ¿Qué colores tiene la bandera de Panamá?

☐ rojo   ☐ verde   ☐ blanco

☐ amarillo   ☐ naranja   ☐ morado

b) ¿En qué fecha se celebra el Día de la Independencia?

☐ 3 de noviembre

☐ 5 de mayo

☐ 2 de enero

c) ¿Cuántos habitantes tiene Panamá?

☐ menos de 1 millón

☐ menos de 2 millones

☐ menos de 3 millones

d) ¿Cómo se llaman los vestidos nacionales?

– Para mujer: ....

– Para hombre: ....

e) ¿Qué temperatura media tiene el país? ....

f) Relacione con flechas las temporadas climáticas con los meses:

1. Temporada seca   a) De enero a mayo

2. Temporada de lluvia   b) De mayo a enero

g) Cómo se llama la moneda del país? ....

h) ¿A cuántos dólares equivale? ....

▶ 3. **El folclore**

Haga clic en "Turismo", después en "Folklore, costumbres y tradiciones" y por último en "Folklore en Panamá".

a) Clasifique los siguientes ritmos según sean de música vocal o instrumental:

la saloma	la mejorana	los bullerengues
el punto	el tamborito	la cumbia
la tuna	los congos	

Música vocal	Música instrumental

Busque el apartado "Objetos artísticos".

b) *¿De qué provincia son cada uno de los siguientes objetos de artesanía?*

– Sombreros, cestas y juguetes: ....

– Cerámica y alfarería: ....

– Muebles: ....

– Orfebrería: ....

– Molas (complemento de la vestimenta femenina): ....

c) *Complete luego la lista de las comidas típicas de Panamá:*

– Sancocho   – ....

– ....   – ....

– ....   – ....

▶ 4. **La ciudad de Panamá**

Haga clic en "Panamá, tres ciudades en una".

a) *La ciudad de Panamá está llena de contrastes, por eso se dice que hay tres ciudades en una: la Vieja, la Colonial y la Cosmopolita. Diga a cuál se refieren los siguientes datos:*

a) Convergen tres estilos de construcción: español, francés e italiano.

b) Está el famoso Arco Chato.

c) Está el Mercado Nacional de Arte-
sanías.

1. Panamá Vieja

2. Panamá Colonial

3. Panamá Cosmopolita

d) Se puede ir de compras a la Avenida Central.

e) Están las ruinas de lo que fue la
primera ciudad.

f) Está el llamado Casco Viejo.

g) Está la Catedral de Nuestra Señora de la Asunción.

 ## 5. **Las islas**

Pulse en "Panamá y sus islas".

a) ¿Cuáles son las cinco islas más turísticas? Complete la lista:

– Grande   – ....

– ....   – ....

– ....

San Blas es un paraíso de más de 100 islas, algunas de ellas deshabita-
das. Para conocerlo mejor haga clic en "San Blas, un paraíso".

b) *San Blas está dividido en comunidades. ¿Cuáles son las cinco principales?*

− ....   − ....

− ....   − ....

− ....

c) *¿En cuál de ellas está la posada Anaí, el mejor hotel del archipiélago?*

....

d) *¿En cuál de ellas está el Hotel San Blas, con cabañas al estilo indígena?*

....

▶ 6. **El Canal de Panamá**

En la parte superior de la página, haga clic en "Canal de Panamá".

a) *Complete la frase siguiente:*

"El material excavado en el Canal de Panamá sería suficiente para construir una réplica de la Gran Muralla China desde .... hasta .... ".

b) *¿Qué significa la palabra "réplica"?* ....

Ahora pulse en "Sitios relacionados" (en la parte inferior de la página), después en "Museo del Canal Interoceánico" y por último en "Historia del Canal".

c) *Diga en qué años sucedieron los siguientes hechos:*

− Cristóbal Colón llegó al istmo de Panamá: ....

− Carlos V de España ordenó los primeros estudios para la construcción de un canal: ....

– Panamá y los Estados Unidos comenzaron la construcción del Canal:

....

– El Canal se abrió al tráfico marítimo por primera vez:

....

Si desea ver el recorrido del canal en imágenes y comprobar cómo funciona, vuelva atrás y haga clic en "Ver detalles en la sección de Operaciones Marítimas". Se abrirá una ventana aparte: pulse en "Información General", después en "Cómo funciona" y por último en "Recorrido".

TAREA 7
COSTA RICA: MAGIA DE LA NATURALEZA

OBJETIVO

En esta tarea viajaremos en autobús hasta Costa Rica, donde conoceremos un poco de su geografía. Después elegiremos una provincia según su clima para visitar sus múltiples Parques Nacionales en un coche de alquiler y con un mapa de carreteras.

ACTIVIDADES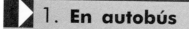

▶ 1. En autobús

Tome un autobús para llegar a San José de Costa Rica: entre en la dirección **www.ticabus.com.**

a) ¿De qué país viene usted: de Panamá o de Nicaragua? ....

b) ¿Cuál es la ciudad de la que sale? ....

Pulse en "Rutas y horarios" y después haga clic en "Desde Panamá" o en "Desde Nicaragua", según el país del que venga.

c) ¿Cuántos autobuses salen desde la ciudad donde está usted? ....

d) ¿Qué horario tienen? ....

e) ¿Cuál prefiere tomar? ....

f) ¿Cuánto dura el trayecto? ....

2. **Un poco de geografía**

Entre en la dirección **www.guiascostarica.com**, haga clic en "Español", después en "Información General" y por último en "Geografía". Muévase por la página y responda a las preguntas:

a) *¿Con qué limita Costa Rica? Relacione con flechas:*

1. Al norte con...	a) el Océano Pacífico
2. Al suroeste con...	b) Panamá
3. Al noreste con...	c) Nicaragua
4. Al sureste con...	d) el Océano Atlántico (Mar Caribe)

b) *¿Cuáles son las tres cordilleras de Costa Rica?*

– ....

– ....

– ....

c) *¿Cuál de ellas es la más larga en kilómetros?* ....

d) *¿En cuál se encuentra el pico más alto (Cerro Chirripo Grande)?*

....

e) *¿Cuántos metros de altitud tiene este pico?*

☐ más de 3.000 metros

☐ más de 4.000 metros

☐ más de 5.000 metros

 ## 3. **El clima**

Ahora vuelva atrás y pulse en "Clima".

a) *Complete la frase:*

"Costa Rica tiene un clima .... de .... temperaturas y .... lluvias".

b) *Relacione las zonas con los climas:*

1. Clima cálido húmedo	a) Zona central
2. Clima cálido seco	b) Zona atlántica
3. Clima fresco seco	c) Zona del Pacífico

c) *Observe el cuadro de las lluvias y las temperaturas y marque la respuesta correcta:*

– Zona de temperatura media más suave:

☐ Valle Central ☐ Pacífico Sur
☐ Pacífico Norte ☐ Zona Atlántica

– Zona de temperatura media más calurosa:

☐ Valle Central ☐ Pacífico Sur
☐ Pacífico Norte ☐ Zona Atlántica

– Zona de lluvias (precipitaciones) más abundantes:

☐ Valle Central ☐ Pacífico Sur
☐ Pacífico Norte ☐ Zona Atlántica

– Zona de lluvias menos abundantes:

☐ Valle Central ☐ Pacífico Sur
☐ Pacífico Norte ☐ Zona Atlántica

d) *¿Qué zona prefiere visitar?* ....

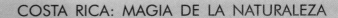

Tarea 7 COSTA RICA: MAGIA DE LA NATURALEZA

 4. **En contacto con la naturaleza**

Vuelva a la página principal, pulse en "Provincias" y compare el mapa que saldrá con el mapa anterior de las zonas climáticas.

a) Clasifique las provincias en las zonas climáticas:

Provincias: Guanacaste, Alajuela, Heredia, Limón, Cartago, San José, Puntarenas.

Valle Central	Pacífico Norte	Pacífico Sur	Zona Atlántica

b) ¿Qué provincia prefiere visitar? ....

Haga clic en ella y responda:

c) ¿Cuál es su capital? ....

d) ¿A cuántos kilómetros está de San José, la capital de Costa Rica? .....

e) ¿Qué Parques Nacionales hay en esa provincia? ....

....

....

Lea la información de esos Parques.

f) Si hay más de uno, ¿cuál prefiere? ....

Ahora vuelva a la página principal y pulse en "Áreas Protegidas". Verá el mapa de Costa Rica dividido en varias regiones de áreas protegidas. Haga clic en la región donde está la provincia y el parque que va a visitar. Después busque el nombre del parque elegido y pulse sobre él.

g) ¿En qué año se creó? ....

h) ¿Qué extensión tiene? ....

i) ¿Cuál es la ciudad más cercana al parque? ....

j) ¿Por qué es importante? Marque la(s) respuesta(s) correcta(s):

☐ Por los bosques   ☐ Por sus reservas indígenas
☐ Por la protección de hábitats   ☐ Por la protección de ríos
☐ Por hechos históricos   ☐ Por sus cavernas
☐ Por la protección de flora   ☐ Por sus cataratas
☐ Por la protección de fauna   ☐ Por los volcanes
☐ Por los felinos   ☐ Por la protección de ecosistemas

▶ 5. **Recorrer un Parque Nacional**

Para recorrer el parque necesitará un mapa de carreteras. Vuelva atrás, pulse en "Información General" y después en "Mapa de Carreteras". Imprima el mapa de carreteras de Costa Rica.

Si quiere un mapa de carreteras más detallado de la región, haga clic en la zona donde está el parque.

Ahora alquile un coche en la dirección **www.dollarcostarica.com/espanol.htm.** Haga clic en "Nuestra flota", observe los vehículos que hay y elija uno.

a) ¿Qué modelo de coche es? ....

b) Complete el cuadro de los precios:

	Precio por día	Precio por semana
Temporada alta		
Temporada baja		

Si desea reservarlo, pulse en "Reserve ya!!" o en "Reservaciones" y siga estos pasos:

1. Seleccione el tipo de auto.

2. Seleccione el lugar de alquiler: oficinas centrales, en un hotel del área de San José, etc.

3. Seleccione el lugar de entrega: el mismo sitio que el anterior.

4. Seleccione las fechas.

5. Rellene los datos personales y la forma de pago.

6. Pulse en "Continuar Reservación".

TAREA8
NICARAGUA: PARAÍSO DE AGUAS

En esta tarea viajaremos hasta Nicaragua en avión o en autobús y conoceremos algunos datos del país. Después elegiremos entre pasar unos días en una de sus playas o hacer un curso de español en alguno de sus centros de idiomas. Para desplazarnos alquilaremos un coche.

ACTIVIDADES

 ## 1. Cómo llegar a Nicaragua

a) ¿De dónde viene usted: de Cuba o de Costa Rica? ....

Si viene de Cuba, entre en la dirección **www.copaair.com** y reserve un vuelo desde La Habana a Managua. Pulse en "Itinerarios" y siga este proceso:

1. En "Desde" seleccione La Habana.

2. En "Hacia" seleccione Managua.

3. Seleccione la fecha de ida.

4. Marque la casilla de "Una vía".

5. Pulse en "Buscar".

b) ¿Cuántos vuelos han salido? ....

c) ¿A qué hora sale el que le interesa? ....

d) ¿Cuánto dura el vuelo? ....

Ahora haga clic en "Llenar información", lea los datos que le piden y responda:

e) ¿Qué tipo de asientos puede elegir?

☐ ventana   ☐ central

☐ doble   ☐ pasillo

☐ primera clase   ☐ especial

f) ¿Qué comidas especiales hay a bordo?

☐ para diabéticos   ☐ comida cubana

☐ comida de niños   ☐ baja en calorías

☐ vegetariana   ☐ comida nicaragüense

Si desea saber el precio del billete, rellene los datos, seleccione "Cotizar" y pulse en "Enviar". Si prefiere hacer directamente la reserva, seleccione "Reservar" y después pulse en "Enviar".

Si su llegada a Nicaragua es desde Costa Rica, entre en la dirección **www.ticabus.com**, pulse en "Rutas y horarios" y después en "Desde Costa Rica".

g) ¿Dónde está la oficina central en Costa Rica? Apunte la dirección y el teléfono: ....

....

▶ 2. **Algunos datos del país**

Entre en la dirección **www.intur.gob.ni/indexES.html** y pulse en "Información turística", después en "Generalidades" y por último en "Cultura".

a) *Lea los siguientes apartados y responda:*

– HISTORIA. ¿Quién fue el primer europeo en pisar Nicaragua? ....

– MÚSICA Y BAILES. ¿Cuál es el instrumento nacional? ....

– LITERATURA. ¿Cómo se llama el poeta nicaragüense más importante? ....

....

Haga clic en "Datos de interés" y responda:

b) *¿Cuántos habitantes tiene el país?* ....

c) *¿Cuál es el código telefónico?* ....

d) *¿Cuál es la moneda de Nicaragua?* ....

e) *¿A cuántos dólares americanos equivale?* ....

f) *Ahora piense qué prefiere hacer en Nicaragua:* si quiere pasar unos días en sus maravillosas playas, haga la actividad siguiente; si desea ir para estudiar español, vaya directamente a la actividad 4.

▶ 3. **Las playas de Nicaragua**

Nicaragua es el país con mayor longitud de playas en el océano Pacífico y el mar Caribe.

Pulse en "Destinos" y después en "Playas del Pacífico". Lea la información sobre las principales playas.

a) *Relacione con flechas:*

PLAYAS	ATRACTIVOS
1. Montelimar	a) Playa con ambiente de "ciudad puerto".
2. La Boquita	b) Playa ideal para el *windsurfing*.
3. San Juan del Sur	c) Playa maravillosa con su propio Centro Turístico.

Si desea ver una foto de cada lugar, pulse sobre el nombre de las playas.

Ahora conozca las playas del Caribe nicaragüense. Pulse en "Región Caribe".

b) *Haga clic en cada playa y relacione:*

PLAYAS	ATRACTIVOS
1. Puerto Cabezas	a) Es principalmente un pueblo de pescadores.
2. Bluefields	b) Una de las poblaciones más antiguas de Nicaragua y de gran importancia histórica.
3. Corn Island	c) Está en una laguna y es el principal puerto caribeño del país.
4. San Juan del Norte	d) Son unas pequeñas islas donde el agua es azul turquesa y las playas de arena blanca con bellas palmeras de cocos.

c) *¿Qué prefiere, las playas del Pacífico o las del Caribe?* ....

d) *¿Qué playa le gusta más?* ....

Busque un hotel cerca de esa playa. Pulse en "Información turística" y después en "Hoteles". Busque la playa donde va a ir y elija un hotel.

 4. **Aprender español en Nicaragua**

Si quiere ir a Nicaragua para aprender español, pulse en "Actividades" y después en "Aprenda Español".

a) *¿Cuántos centros de idiomas hay?* ....

b) ¿Dónde se encuentran los siguientes centros?

– Escuela de español Laguna de Apoyo: ....

– NSS (Nicaragua Spanish Schools): ....

– Universidad Americana UAM: ....

– Universidad Centroamericana: ....

Si quiere más información sobre estos lugares, haga clic en cada uno de ellos. Algunos centros ofrecen alojamiento para los estudiantes, pero si prefiere buscar su propio hotel, pulse en "Información turística" y después en "Hoteles". Verá una lista de hoteles clasificados por ciudades.

 5. **Alquilar un coche**

Tanto si va a la playa como a un centro de enseñanza del español, alquile un coche para desplazarse.

Pulse en "Información turística", luego en "Rent-A-Car" y por último elija una compañía. Por ejemplo, pulse en "Budget" o "Hertz" y se abrirá otra ventana. Pulse en "Tarifas" y elija un vehículo según el precio.

a) Complete el cuadro:

Vehículo	Precio por día	Precio por semana	Marca del vehículo
Coche más barato			
Coche más caro			
Coche para 7 pasajeros			
Coche para 15 pasajeros			

b) ¿Cuál ha elegido? ....

Si desea reservarlo, pulse en "Reservación" y siga estos pasos:

1. Seleccione la fecha de llegada (o arribo).

2. Seleccione la hora.

3. Seleccione el lugar donde va a recoger el vehículo: si ha llegado a Nicaragua en avión, elija "Aeropuerto" y si ha llegado en autocar, elija "Oficina Central".

4. Seleccione la fecha de entrega o retorno (devolución del vehículo).

5. Seleccione la forma de pago: tarjeta, efectivo, etc.

6. Escriba sus datos personales.

7. Pulse en "Enviar" o "Reservar".

Cierre la ventana de alquiler de coches. Le será útil tener unos mapas para moverse por el país o por las diferentes ciudades: pulse en "Información turística", después en "Generalidades" y por último en "Mapas". Verá un mapa de Nicaragua y otros de las ciudades más importantes del país. Elija uno y haga clic para descargarlo en su ordenador.

TAREA9
CUBA: LA ALEGRÍA DEL CARIBE

OBJETIVO

En esta tarea viajaremos hasta Cuba en avión. Allí estableceremos una ruta por carretera para recorrer los lugares más interesantes de la isla. Y por último buscaremos hoteles y lugares de diversión en cada punto del recorrido.

ACTIVIDADES

1. Vuelo a La Habana

Entre en la dirección **www.mexicana.com** y siga este proceso:

1. Seleccione "Viaje sencillo" (sólo ida).

2. Seleccione la clase: turista o ejecutiva.

3. Escriba el origen: Managua (si viene de Nicaragua) o Ciudad de México (si viene de México).

4. Seleccione la fecha.

5. Escriba el destino: La Habana.

6. Seleccione el número de pasajeros.

7. Pulse en "Buscar vuelo".

Si no hay vuelos, vuelva atrás y elija otra ciudad de México o de Nicaragua.

a) ¿Cuántos vuelos han salido? ....

b) ¿Cuántos hacen escala? ....

c) ¿A qué hora sale el que le interesa a usted? ....

d) ¿Qué compañía lo opera? ....

Para saber el precio del billete, seleccione el vuelo y pulse en "Continuar".

e) ¿En qué moneda está la tarifa? ....

f) ¿Cuánto vale el billete? ....

g) ¿Cuánto dinero se paga de impuestos? ....

Si desea comprar el billete, haga clic en "Comprar".

▶ 2. **Ruta por la isla**

Alquile un coche en La Habana y haga un recorrido por la isla. Entre en la dirección **www.dtcuba.com/esp**, pulse en "Directorio" y después en "Transporte". Ahora siga estos pasos:

1. Busque la sección "Terrestre".

2. Seleccione la localidad: La Habana.

3. Seleccione clasificación: "Arrendadoras de autos" (oficinas de alquiler de coches).

4. Pulse en "Buscar".

a) ¿Cuántas oficinas han salido? ....

b) Apunte la dirección y el teléfono de algunas de ellas: ....
....

Ahora tiene que decidir el recorrido que va a seguir. Pulse en "Destinos". Verá un mapa de Cuba con los quince lugares turísticos más importantes.

c) Complete la lista:

– Pinar del Río   – La Habana   – Matanzas

– ....   – Villa Clara   – ....

– ....   – ....   – Santiago de Cuba

– Las Tunas   – Holguín   – ....

– ....   – ....   – Isla de la Juventud

---

Pulse en cada uno de ellos y lea la información.

d) Relacione con flechas:

1. Pinar del Río	a) Se encuentra el balneario de Varadero.
2. Ciudad de La Habana	b) Está el Museo Memorial erigido al Ché Guevara.
3. Matanzas	c) Declarada Patrimonio de la Humanidad.
4. Villa Clara	d) Se cosecha el mejor tabaco del mundo.
5. Las Tunas	e) Tiene más de 35 playas vírgenes.
6. Holguín	f) Está considerada la capital del Caribe.
7. Santiago de Cuba	g) Se llama "la isla de los mil nombres".
8. Isla de la Juventud	h) Colón dijo de ella: "Nunca antes tan hermosa cosa vi".

e) *¿Ha elegido ya el recorrido? ¿Qué lugares quiere visitar?* ....

....

▶ 3. Dónde alojarse

Para buscar hoteles, vuelva a "Directorio" y pulse en "Hospedaje". Vaya a "Búsqueda avanzada" y siga estos pasos:

1. Seleccione la ubicación: ciudad, playa, naturaleza.

2. Seleccione la localidad.

3. Seleccione la categoría: 5 estrellas, 4 estrellas, etc.

4. Seleccione las tarifas: en dólares americanos.

5. Pulse en "Buscar".

a) *¿Cuántos hoteles han salido?* ....

Haga clic en cada uno y verá más información. Las facilidades de las habitaciones y los servicios del hotel están indicados mediante iconos. Ponga el ratón sobre ellos y leerá su significado. Ahora elija un hotel y responda:

b) *¿Dónde está situado?* ....

c) *¿Cuántas habitaciones tiene?* ....

d) *¿Hay piscina?* ....

e) *¿Tiene centro nocturno o "discoteque"?* ....

f) *¿Se puede pagar con tarjeta de crédito?* ....

Siga los pasos anteriores para buscar hotel en todos los sitios de su recorrido.

▶ 4. **Bailar salsa**

Cuba es conocida por su alegría nocturna. Si quiere tomar una copa y bailar salsa, vuelva a "Directorio" y pulse en "Vida nocturna". Ahora siga estos pasos:

1. Seleccione localidad.

2. Seleccione especialidad.

3. Pulse en "Buscar".

a) ¿Cuáles son los tipos de lugares de recreo que hay en la sección "especialidad"? Márquelos con una cruz:

☐ *Pub*   ☐ Casino   ☐ Piano bar

☐ Bar   ☐ Sala de fiestas   ☐ Teatro

☐ Centro nocturno   ☐ Discoteque   ☐ *Snack* bar

☐ *Lobby* bar   ☐ Bar piscina   ☐ Cabaret

b) ¿Cuántos lugares han salido en la localidad y en la especialidad que usted ha elegido? ....

c) ¿Cómo se llaman? ....

....

d) Apunte las direcciones de algunos de ellos: ....

....

....

....

TAREA10
MÉXICO LINDO

OBJETIVO

En esta tarea veremos algunos consejos para preparar el viaje. Después decidiremos qué visitar en México, buscaremos alojamiento y viajaremos en avión.

ACTIVIDADES

Si ha decidido empezar su recorrido por América Latina desde esta última tarea, haga todas las actividades. Pero si México es el final de su viaje, vaya directamente a la actividad 2.

▶ 1. Preparar el viaje: la maleta y el dinero

Entre en la dirección **www.mexview.com.** Busque la sección "Viajes y Tours", pulse en "Tips para el Viajero" y luego en "Regla de oro del viajero".

a) Complete la regla de oro "Viaja ligero":

"Lleva sólo lo que realmente vas a ...., no lleves más de lo que puedas ...., recuerda que en casa el .... siempre parece más ....".

Aunque todos los países de América Latina tienen su propia moneda, en la mayoría de ellos puede utilizar los dólares americanos.

b) ¿Cuánto dinero quiere usted gastarse en su viaje? ....

c) ¿Cuánto dinero piensa gastarse en objetos de recuerdo? ....

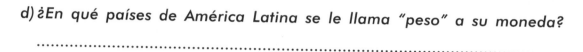

Para calcular esas cantidades en dólares o en las monedas de los diferentes países de América Latina, vuelva a la página principal, pulse en "Convertir $", dentro de la sección "Servicios", y luego siga estos pasos:

1. Escriba la cantidad.

2. Seleccione la moneda de su país.

3. Seleccione "dólares" o la moneda de un país de los que va a visitar.

4. Pulse en "Perform Currency Conversion".

d) ¿En qué países de América Latina se le llama "peso" a su moneda?

....

Para saber qué diferencia horaria hay entre su país y México, vuelva atrás y pulse en "Horarios", dentro de la misma sección "Servicios".

e) ¿Cuál es su país? ....

Pulse sobre la letra inicial de su país.

f) ¿Tiene que sumar horas o restar? ....

g) ¿Cuántas? ....

h) ¿Qué hora es en México si en su país son las doce del mediodía?

....

▶ 2. Algunos consejos para viajar a México

Vuelva a la página principal. Busque la sección "Viajes y Tours", pulse en "Tips para el Viajero" y luego en "Documentos".

a) Diga si es verdadero (V) o falso (F):

1. En caso de pérdida o robo del pasaporte, debe avisar a la policía y a su embajada. ☐

2. Todos los ciudadanos del mundo necesitan visa para entrar en México. ☐

3. Es necesaria una licencia o permiso de conducir internacional para conducir en México. ☐

4. Es necesario obtener un permiso para fotografías en ciertos museos y lugares arqueológicos. ☐

Ahora vuelva atrás y haga clic en "Seguridad".

b) Aunque México es relativamente seguro, señale con una cruz los consejos que aparecen:

☐ Por la noche no vaya a los parques.

☐ No camine por calles solitarias.

☐ En el coche, deje el bolso en el asiento de al lado.

☐ Mantenga siempre junto a usted los objetos de valor.

▶ 3. Qué visitar en México

México es un país muy grande. Si conoce la ciudad o el estado mexicano que desea visitar, vaya directamente a la actividad 4. Pero si prefiere que le ayudemos a decidirlo, siga las instrucciones.

a) ¿Cuál es el destino recomendado en la sección "Destino del mes"?

....

Pulse en él y lea la información. En la parte superior verá el estado de México en el que está ese lugar.

b) ¿A qué estado pertenece el destino del mes? ....

Pulse en los otros destinos recomendados anteriormente y lea la información. En algunos aparecen fotos.

c) ¿Cuál prefiere? ....

d) ¿En qué estado se encuentra ese lugar? ....

 ## 4. Alojamiento en México

Ahora que ya sabe qué estado de México va a visitar, busque alojamiento. En la página principal, y dentro de la sección "Escoge tu destino", seleccione el estado que prefiera. Después seleccione el lugar en "Escoge una ciudad". Por último, pulse en "Hoteles".

a) ¿Cuántos hoteles aparecen recomendados? ....

b) Apunte la dirección y el teléfono para hacer la reserva: ....

....

 ## 5. En avión a México

Para ir al destino elegido de México desde su país, tome un avión de la compañía Aeroméxico. Si vuela desde La Habana utilice la compañía Mexicana.

Entre en la dirección **www.aeromexico.com** y siga este proceso:

1. Pulse en "Resto del mundo".

2. Pulse en "Reservaciones".

3. Seleccione la ciudad desde donde sale: la ciudad en la que usted vive.

4. Seleccione el destino: busque el lugar elegido en las actividades anteriores. Si no tiene aeropuerto, elija México.

5. Seleccione la fecha de salida.

6. Seleccione "Sencillo" (billete sólo de ida).

7. Seleccione el número de viajeros.

8. Seleccione la clase: "Premier" o "Turista".

9. Seleccione la tarifa: sin restricciones o la más económica.

10. Pulse en "Continuar".

a) ¿Cuántos vuelos hay? ....

b) ¿A qué horas salen? ....

c) ¿Cuál prefiere? ....

d) ¿Hace alguna escala? ....

e) ¿Dónde? ....

f) ¿Cuánto dura cada trayecto? ....

Si quiere saber el precio del billete, seleccione el vuelo y pulse en "Tarifas".

g) ¿Cuánto vale el billete? ....

h) ¿En qué moneda está expresado el precio? ....

Si desea hacer la reserva, pulse en "Reservar" y siga las instrucciones para dar sus datos personales.

Entre en la dirección **www.mexicana.com** y siga estos pasos:

1. Escriba la ciudad de origen: La Habana.

2. Escriba la ciudad de destino: la ciudad de México que ha elegido en las actividades anteriores o Ciudad de México.

3. Seleccione "Viaje sencillo".

4. Seleccione la fecha de salida.

5. Seleccione el número de pasajeros.

6. Pulse en "Buscar vuelo (s)".

i) ¿Cuántos vuelos hay? ....

j) ¿Cuántos son directos? ....

k) Elija uno. ¿A qué hora sale de La Habana? ....

l) ¿A qué hora llega? ....

Pulse sobre el vuelo elegido y después haga clic en "Continuar".

m)¿Cuánto vale su vuelo? ....

n) ¿En qué moneda están expresadas las tarifas? ....

ANEXO I
SOLUCIONES

TAREA 1. ARGENTINA: MI BUENOS AIRES QUERIDO

1. Algunos consejos antes de viajar

a) La mitad.

b) Porque todo viajero sensato espera bajo techo a que pare la lluvia. Y si no quiere esperar, siempre hay alguien vendiendo paraguas baratos.

c) Un par de pantalones, dos camisas, el camisón o pijama, tres remeras, cinco mudas de ropa interior, un traje de baño, cinco pares de medias de algodón y uno de medias de lana, un pulóver, dos buzos y una campera abrigada e impermeable.

d) Tres cosas prácticas: 2. Un pareo, lona, manta, quepina o panya. 3. Un sobre de tela con cierre para llevar el pasaporte y el dinero contra el pecho y debajo de la ropa. Tres cosas inútiles: 2. Ojotas. 3. Ropa de noche y tacos altos.

e) Sacacorchos - abrelatas, humectante de piel, botiquín mínimo, banditas elásticas.

f) Tela adhesiva, desinfectante, polvo cicatrizante, aspirinas, antiácidos, antiespasmódicos, carbón activado.

2. A Buenos Aires volando

Las preguntas **a), b), c), d), e), f), g), h), i), j), k), l)** y **n)** dependen del día de la consulta y de la selección que haga el alumno.

m) En pesos argentinos.

3. Cosas de Buenos Aires

a) Once millones.

b) El clima es en general muy benigno, con muchos días de sol.

c) En primavera y en otoño, pues el clima ronda los 21º C y el sol es suave.

d) A fines de abril, pero no duran mucho.

e) Mates, cuchillos, bombillas de plata y alpaca.

f) En la calle Florida en su intersección con Santa Fe.

g) En el Barrio de La Recoleta.

4. Buscar hotel

Todas las preguntas dependen del precio seleccionado por el alumno.

5. Una visita a Montevideo

Todas las preguntas dependen del día, la hora o el trayecto seleccionados por el alumno.

6. Argentina a su aire

a) Hay que tachar las siguientes: pesca, escalada y salto en paracaídas.

b) Libre.

c) Depende de la respuesta anterior.

d) Libre.

e) Depende de la respuesta anterior.

f) Depende de la ciudad elegida por el alumno.

TAREA 2. LA PATAGONIA: EL FIN DEL MUNDO

1. Fauna patagónica

a) Pingüino, puma, lobo marino, zorro colorado, liebre patagónica mara, ballena franca austral y piche.

b) 1. F; 2. V; 3. F; 4. V.

c) Libre.

d) Depende de la respuesta anterior.

2. Parques Nacionales de La Patagonia

a) Río Negro, Santa Cruz, Tierra del Fuego.

b) Río Negro.

c) 1 b); 2 c); 3 b); 4 b); 5 d); 6 a); 7 d); 8 a); 9 e); 10 d).

d) Monumento Natural Bosques Petrificados; Laguna Blanca; Los Glaciares.

e) Los Arrayanes (1.840 ha).

f) Nahuel Huapi (en 1934).

g) Lanín, Perito Moreno y Los Alerces.

3. *Ushuaia: la última ciudad*

a) Bahía que penetra hacia el oeste.

b) Más de 60.000.

c) 12 de octubre de 1882.

d) Legislatura provincial, Casa de la Cultura, Plaza cívica y Obelisco, Biblioteca Popular Sarmiento, Buque Saint Cristopher.

e) Plaza cívica y Obelisco.

f) Desde el cámping municipal.

g) El río Pipo.

h) La reconstrucción de chozas realizadas por los indios onas y una pequeña cascada de agua cristalina que baja desde la montaña.

4. *Alojamiento en Ushuaia*

Todas las preguntas dependen de la selección del alumno.

TAREA 3. CHILE: EXPLORACIÓN Y AVENTURA

1. *Vuelo a Santiago de Chile*

Todas las preguntas dependen de la selección del alumno.

2. *Las regiones turísticas de Chile*

a) 1. Norte Chico; 2. Principal zona de playas, incluyendo la Isla de Pascua y el archipiélago Juan Fernández; 3. Santiago; 4. Zona Central; 5. La tierra del pueblo mapuche, con más de quince lagos rodeados de selva autóctona, y ríos aptos para la pesca de truchas y salmones; 6. Zona Austral.

b) Libre.

3. Exploración y aventura

a) Turismo aventura, ecoturismo, centros de esquí, pesca, deportes náuticos, termas, Parques Nacionales.

b) 1. Araucanía y Los Lagos; 2. Valdivia; 3. Norte Grande; 4. San Pedro de Atacama; 5. Zona Central; 6. Santiago; 7. Litoral Central; 8. Viña del Mar; 9. Araucanía y Los Lagos; 10. Pucón.

4. Alojamiento en Chile

a) Libre.

b) Depende de la respuesta anterior.

c) Depende de la respuesta anterior.

d) Depende de la respuesta anterior.

TAREA 4. PERÚ: EL ARTE COLONIAL

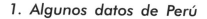

1. Algunos datos de Perú

a) Lima.

b) 25.232.000.

c) Democracia.

d) Nuevo sol.

e) De diciembre a abril.

f) De junio a septiembre.

g) 25º C.

h) 13º C.

i) Paraguay.

j) Loreto.

k) Tacna.

l) Corridas de toros, peleas de gallos y caballo peruano de paso.

2. El tiempo

a) Depende del día y la hora en que se haga la consulta.

3. Arte colonial

a) 1 b); 2 c); 3 a).

b) Iglesia y convento de San Francisco.

c) Lunes a domingo de 7:00 am a 11:30 am y de 4:30 pm a 8:00 pm.

d) Jr. Ancash cuadra 3. Telf: 427–1381.

e) Museo del Banco Central de Reserva, Museo de Arte y Museo de Arte Italiano.

f) Los meses del año.

g) Miraflores: 1, 3, 4 y 5. Barranco: 2 y 6.

4. Comer en Lima

a) Cebiche.

b) cebiche, pescado crudo, limón, cebolla, ají.

c) Hay cinco restaurantes: Señorío de Sulco, Brujas de Cachiche, Manos Morenas, Pantagruel y José Antonio.

d) Depende de la elección del alumno.

e) Depende de la elección del alumno.

5. Hotel en Lima

a) Libre.

b) Depende de la respuesta anterior.

c) Depende de la elección del alumno.

d) Depende de la elección del alumno.

6. En tren

a) 2. Trayecto Arequipa a Juliaca en Puno. 3. Trayecto Cusco a Macchu Picchu.

b) El trayecto Arequipa a Juliaca en Puno.

c) El trayecto Cusco a Macchu Picchu.

7. Avión a Lima

Todas las preguntas dependen de la selección de fecha.

TAREA 5. COLOMBIA: EL ESPÍRITU FESTIVO

1. *Curiosidades de Colombia*

   a) Ave: cóndor. Flor: orquídea. Árbol: palma de cera del Quindío. Personaje: Juan Valdés.

   b) Imaginario.

   c) La cumbia.

   d) Varias parejas bailan en círculos con una vela en la mano.

   e) Gaitas y tambores.

2. *De ferias*

   a) Libre.

   b) Depende de la respuesta anterior.

   c) Depende de la respuesta dada en a).

   d) Libre.

3. *De compras*

   a) Artesanía, calzado, esmeraldas colombianas, antigüedades, ropa, libros y música, joyas, cueros, arte.

   b) De 10:00 am a 7:00 pm.

   c) Libre.

4. *De museos*

   a) 1 a); 2 a); 3 a); 4 b); 5 c).

   b) Libre.

   c) Depende de la respuesta anterior.

   d) Depende de la respuesta anterior.

TAREA 6. PANAMÁ: EL PUENTE DEL MUNDO

2. *Datos de interés*

   a) Rojo, blanco y morado.

   b) 3 de noviembre.

c) Menos de 3 millones.

d) Para mujer: pollera. Para hombre: montuno.

e) 27º C.

f) 1 a); 2 b).

g) El balboa.

h) Tienen el mismo valor.

3. El folclore

a) Música vocal: la saloma, el tamborito, la tuna, la mejorana, los congos y los bullerengues. Música instrumental: la mejorana, el punto y la cumbia.

b) Coclé; Herrera; Los Santos y Panamá; Veraguas; San Blas.

c) Tamales, carimañolas, suspiros, manjar blanco.

4. La ciudad de Panamá

a) 1 c), e) y g); 2 a), b) y f); 3 d).

5. Las islas

a) Contadora, Taboga, San Blas, Bocas del Toro.

b) El Porvenir, Comunidad de Narganá, Wichubwala, Isla de Nalunega, Comunidad de Cartí–Sugtupu.

c) En Wichubwala.

d) En la isla de Nalunega.

6. El Canal de Panamá

a) San Francisco; Nueva York.

b) Copia exacta de una obra de arte.

c) 1502; 1534; 1903; 1914.

TAREA 7. COSTA RICA: MAGIA DE LA NATURALEZA

1. En autobús

a) Libre.

b) Libre.

c) Depende de la respuesta anterior.

d) Depende de la respuesta anterior.

e) Libre.

f) Depende de la respuesta anterior.

2. Un poco de geografía

a) 1 c); 2 a); 3 d); 4 b).

b) Guanacaste, Volcánica Central, Talamanca.

c) Talamanca.

d) En Talamanca.

e) Más de 3.000 metros.

3. El clima

a) Tropical; altas; abundantes.

b) 1 b); 2 c); 3 a).

c) Valle Central; Zona Atlántica; Zona Atlántica; Pacífico Norte.

d) Libre.

4. En contacto con la naturaleza

a) Valle Central: San José y Cartago. Pacífico Norte: Guanacaste. Pacífico Sur: Puntarenas. Zona Atlántica: Alajuela, Heredia y Limón.

b) Libre.

c), **d**) y **e**) Dependen de la respuesta a la pregunta b).

f) Libre.

g), **h**), **i**) y **j**) Dependen de la respuesta a la pregunta f).

5. Recorrer un Parque Nacional

a) Libre.

b) Depende de la respuesta anterior.

TAREA 8. NICARAGUA: PARAÍSO DE AGUAS

1. Cómo llegar a Nicaragua

a) Libre.

b), **c**) y **d**) Dependen de la selección de fecha.

e) Ventana y pasillo.

f) Para diabéticos, comida de niños, vegetariana y baja en calorías.

g) En el costado norte de la iglesia de La Soledad. Telf: (506) 221–8954.

2. Algunos datos del país

a) Cristóbal Colón; la marimba; Rubén Darío.

b) Aproximadamente 4.600.000.

c) 505.

d) El córdoba.

e) Aproximadamente 13,8 córdobas equivalen a 1 dólar americano (noviembre de 2001).

f) Libre.

3. Las playas de Nicaragua

a) 1 b); 2 c); 3 a).

b) 1 a); 2 c); 3 d); 4 b).

c) Libre.

d) Libre.

4. Aprender español en Nicaragua

a) Cuatro.

b) Junto a la Laguna de Apoyo, cerca de Masaya; en Granada, Estelí, San Juan del Sur y Managua; en Managua; en Managua.

5. Alquilar un coche

a) Depende de la elección del alumno.

b) Libre.

| Carlos Romero Dueñas / *De viaje por América Latina*

TAREA 9. CUBA: LA ALEGRÍA DEL CARIBE

1. *Vuelo a La Habana*

a), **b)**, **c)** y **d)** Dependen de la selección de la fecha.

e) Pesos mexicanos.

f) Depende del vuelo elegido por el alumno.

g) Depende del vuelo elegido por el alumno.

2. *Ruta por la isla*

a) Tres.

b) Cubacar: Hotel Breezes Jibacoa en La Habana (telf: 53–692–85122); Micar: Carretera Rincón, Km 2 1/2 en La Habana (sin teléfono); Transtur Rent a Car: Villa Trópico en La Habana (telf: 53–7–33–5657).

c) Ciudad de La Habana, Cienfuegos, Sancti Spiritus, Ciego de Ávila, Camagüey, Granma, Guantánamo.

d) 1 d); 2 c); 3 a); 4 b); 5 e); 6 h); 7 f); 8 g).

e) Libre.

3. *Dónde alojarse*

Todas las preguntas dependen de la selección del alumno.

4. *Bailar salsa*

a) Bar, centro nocturno, *lobby* bar, discoteque, bar piscina, piano bar, *snack* bar y cabaret.

b), **c)** y **d)** Dependen de la selección del alumno.

TAREA 10. MÉXICO LINDO

1. *Preparar el viaje: la maleta y el dinero*

a) Necesitar; cargar; equipaje; ligero.

b) Libre.

c) Libre.

d) En Argentina, Chile y México.

e) Libre.

f), **g**) y **h**) Dependen de la respuesta a la pregunta e).

2. Algunos consejos para viajar a México

a) 1. V; 2. F; 3. F; 4. V.

b) Por la noche no vaya a los parques; No camine por calles solitarias; Mantenga siempre junto a usted los objetos de valor.

3. Qué visitar en México

a) México DF (2002).

b) DF (Distrito Federal).

c) Libre.

d) Depende de la respuesta anterior.

4. Alojamiento en México

Todas las preguntas dependen de la ciudad elegida por el alumno.

5. En avión a México

a) y **b**) Dependen de la ciudad del alumno.

c) Libre.

d), **e**), **f**) y **g**) Dependen de la respuesta a la pregunta **c**).

h) En dólares americanos.

i), **j**), **k**), **l**) y **m**) Dependen del destino seleccionado.

n) En pesos mexicanos.

ANEXO II
DIRECCIONES ÚTILES @

Aparte de las direcciones que se han trabajado a lo largo de las tareas, hay muchas otras donde poder encontrar información para preparar un viaje por América Latina. A continuación exponemos algunas direcciones de los países visitados en este libro y del resto de países de habla hispana en América Latina.

1. ARGENTINA

Guías turísticas

www.argentinatravel.com
www.patagonia.com.ar
www.sectur.gov.ar
www.buenosaires.gov.ar (guía de la ciudad de Buenos Aires)
www.turismo.mendoza.gov.ar (guía de la ciudad de Mendoza)

Transportes

www.aerolineas.com.ar (compañía aérea)
www.buquebus.com/argentina/home.htm (ferry del Río de la Plata)
www.viajenbus.com (compañía de autobuses)

2. BOLIVIA

Guías turísticas

www.viva–bolivia.com

Transportes

www.labairlines.com (compañía aérea)

3. CHILE

Guías turísticas

www.turismochile.cl
www.visit-chile.org
www.turistel.cl

Transportes

www.lanchile.cl (compañía aérea)

4. COLOMBIA

Guías turísticas

www.colombia.com/turismo
www.turismocolombia.com

Transportes

www.avianca.com.co (compañía aérea)

5. COSTA RICA

Guías turísticas

www.guiascostarica.com
www.conozcacostarica.com
www.tourism-costarica.com/tourism-costaricacom/html/Esp/index.html
www.tourism.co.cr/indexesp.html
www.cr/turismo.html

Transportes

www.ticabus.com (compañía de autocares de Centroamérica)
www.dollarcostarica.com/espanol.htm (alquiler de coches)

6. CUBA

Guías turísticas

www.dtcuba.com/esp
www.cubatravel.cu
www.cubanacan.cu

7. ECUADOR

Guías turísticas

www.equaguia.com/tourism

Transportes

www.tame.com.ec (compañía aérea)

8. EL SALVADOR

Guías turísticas

www.elsalvadorturismo.gob.sv

9. GUATEMALA

Guías turísticas

www.guatemala.travel.com.gt

10. HONDURAS

Guías turísticas

www.hondurasinfo.hn/infogen/turismo/turismo.html
www.hondurastips.honduras.com

11. MÉXICO

Guías turísticas

www.mexview.com
www.visitmexico.com

Transportes

www.aeromexico.com (compañía aérea)
www.mexicana.com (compañía aérea)
www.casanovarent.com.mx (alquiler de coches)

12. NICARAGUA

Guías turísticas

www.intur.gob.ni/indexES.html
www.guiafacil.com.ni/turismo

13. PANAMÁ

Guías turísticas

www.pa
www.ipat.gob.pa
www.geopanama.com
www.panamainfo.com/español/index/.shtml
www.alfatravelguide.com/spanish/pa/panama.htm
www.panama1.com

Transportes

www.copaair.com (compañía aérea)

14. PARAGUAY

Guías turísticas

www.senatur.gov.py
www.paraguaygobierno.gov.py/turismoparaguayo.html

15. PERÚ

Guías turísticas

www.peru.com/turismo
www.adonde.com/turismo

16. PUERTO RICO

Guías turísticas

www.turismopr.com/index-es.shtml
www.dubina.com/turismo/turismo_home.asp
www.amerides.com

17. REPÚBLICA DOMINICANA

Guías turísticas

www.dominicana.com.do

Transportes

www.aeromarairlines.com (compañía aérea)

18. URUGUAY

Guías turísticas

www.turismo.gub.uy
www.estanciasdeluruguay.com (guía de hoteles)

19. VENEZUELA

Guías turísticas

www.venezuelatuya.com

Uso de Internet en el aula

El propósito fundamental de esta colección es ayudar al profesor a utilizar la red en el aula.

Internet para profesores de español

La obra pretende ser una introducción a los recursos que Internet ofrece para la clase de Español Lengua Extranjera.

Guía hispánica de Internet

Los 1.000 mejores sitios del mundo hispano para todas aquellas personas que quieran informarse, comunicarse y divertirse en español. La acompaña un CD Rom.

Trotamundos

Para aprender jugando, un CD Rom dividido en "horas de clase", con juegos, ejercicios, audio y lecturas.

La Cultura en juego (CD Rom

Autoaprendizaje de la cultura española e hispanoamericana mediante dos juegos didácticos.

Método para niños/as

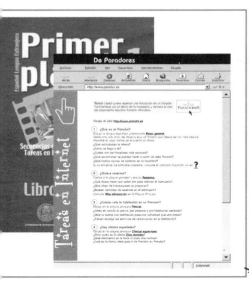

Primer Plano
(con el aval de la Universidad de S. Compostela)

MÉTODO MULTIMEDIA DE APRENDIZAJE DEL ESPAÑOL (adolescentes y adultos)

El uso de Internet en el aula
permite al profesor:
- Supervisar el desarrollo de las tareas por grupos o individualmente.
- Ayudar a la comprensión.
- Completar ciertas informaciones.

Y permite al alumno:
- Desarrollar su curiosidad intelectual.
- Desarrollar su capacidad de buscar determinada información.
- Desarrollar su capacidad de entender un material auténtico.

Esta página permite una **conexión directa con Internet**.

CD Rom dentro y fuera del aula
permite al profesor:
- Complementar la clase.
- Dinamizarla.
- Posibilitar su uso en el laboratorio.

permite al alumno:
- Recuperar las clases a las que no haya podido asistir.
- Adquirir conocimientos gracias a un recorrido obligatorio didáctico, puesto que el CD Rom está concebido dando prioridad a la pedagogía.
- Utilizar la interacción como elemento motivador.

Para ayudar al alumno a trabajar en autonomía, el CD Rom contiene:
- Una "Carpeta de Recursos" con:
  → un diccionario multilingüe
  → una gramática
  → un resumen de Actos de Comunicación

Y, para que el alumno pueda comprobar su nivel de adquisición, existe un test después de cada episodio.

Colección Tiempo

Primer título de una colección fundamentalmente práctica.

Ofrece una serie de ejercicios y juegos para adquirir y practicar la conjugación española.

El usuario puede acceder directamente a las páginas de los libros de referencia indicados.

Puesta a punto

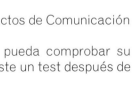

Curso para la adquisición de técnicas de argumentación con CD Rom que incluye tres divertidos juegos complementarios.